손글씨
한글쓰기
글씨 교정 필사 노트

손글씨 한글 쓰기
글씨 교정 필사 노트

10쇄 발행　2025년 6월 15일

지은이　　시사정보연구원
발행인　　권윤삼
발행처　　도서출판 산수야

등록번호　제1-1515호
주소　　　서울시 마포구 월드컵로 165-4
우편번호　03962
전화　　　02-332-9655
팩스　　　02-335-0674

ISBN 978-89-8097-408-5　　13640

값은 뒤표지에 있습니다. 잘못된 책은 바꾸어 드립니다.

이 책의 모든 법적 권리는 도서출판 산수야에 있습니다.
저작권법에 의해 보호받는 저작물이므로
본사의 허락 없이 무단 전재, 복제, 전자출판 등을 금합니다.

손글씨 한글쓰기

글씨 교정 필사 노트

시사정보연구원 지음

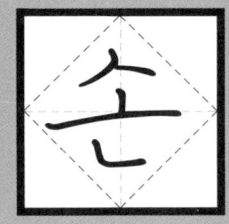  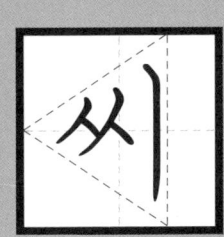

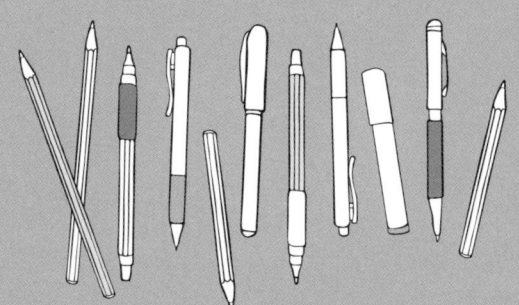

- 왜 글씨체가 중요할까
- 나는 어떤 글씨체를 원하는가
- 악필을 교정하는 다양하고 체계적인 글씨 쓰기
- 기준선과 보조선을 활용한 올바른 글자 모양 익히기
- 마음을 전하는 손편지 첫 문장 쓰기
- 생활 속 명언명구로 다양한 글자체 쓰기

시사패스
SISAPASS.COM

머리말

마음을 움직이는 나만의 글씨체를 갖고 싶다면 망설이지 마세요!
글씨에 자신감 주는 손글씨 완성하기

　편리한 물질문명 탓에 이제는 손글씨를 쓰는 일이 많이 사라졌지만 글씨체가 엉망이면 괜히 민망할 때가 있습니다. 글씨는 자신을 돋보이게 하는 수단일 뿐만 아니라 지적 수준과 함께 문장력도 드러내기 때문이지요. 지식과 지혜로 쌓인 내공의 힘이 글쓰기와 글씨로 드러납니다.
　손글씨의 중요성은 아무리 강조해도 지나치지 않습니다. 예로부터 인재를 평가하는 다양한 방법 중에 지금까지도 변하지 않은 것 중 하나가 직접 손으로 쓴 글씨를 보는 것입니다. 그래서 아직도 많은 회사에서 자필로 쓴 자기소개서를 요구합니다. 만약 자신이 쓴 글을 스스로가 알아볼 수 없다면 어떨까요? 자기소개서를 자필로 쓰거나 논술이나 에세이를 쓸 때 담당자가 내용을 읽을 수도 없는 글씨라면 어떻게 될까요?
　글씨체가 나쁜 독자라도 이 책에서 제시하는 방법대로 실천하면 어느 정도 글씨에 자신감을 가질 수 있습니다. 자신이 좋아하고 다른 사람의 마음을 움직이는 나만의 글씨체를 갖고 싶다면 열심히 노력하는 수밖에 없습니다. 어렸을 때부터 축적된 글쓰기 습관이 쉽게 고쳐지지 않기 때문입니다. 몇 페이지 연습했다고 글씨체가 쉽게 바뀌지는 않겠지만 포기하지 말고 작심삼일을 매번 반복하세요. 작심삼일도 한 달이면 10번은 다시 시작하는 마음을 가질 수 있으니 생각만 바꾸면 얼마든지 자신을 바꿀 수 있습니다.
　예쁜 글씨체는 같은 글자를 천천히, 정성껏, 또박또박, 꾸준하게 반복 연습하는 것이 무엇보다 중요합니다. 글씨 쓰기 연습은 글자의 폭과 높이를 맞추고 일정한 힘으로 써야 합니다. 그리고 글자의 이음새가 어긋나지 않도록 주의하고, 글자의 끝을 지저분하게 끌면서 쓰는 것을 주의하면 손글씨 쓰기의 탁월한 효과를 볼 수 있습니다.

  이 책의 특징은 글씨 교정과 예쁜 글씨체를 갖는데 필요한 글자의 기준선을 표시하여 스스로 글씨 연습을 할 수 있도록 구성하였다는 것입니다. 처음에는 글자를 최대한 크게 써서 자신의 잘못된 글씨를 파악한 후 조금씩 보통 글자 크기로 연습해야 글씨 교정 효과가 높기 때문에 이를 반영하여 편집하였습니다. 정자체로 시작하여 받침이 있는 단어와 문장부호, 원고지 쓰기, 다양한 서체까지 연습하면서 글씨 교정과 자신만의 서체를 완성해갈 수 있습니다.

  지피지기면 백전불태라 합니다. 바른 글씨를 쓰기 위해서는 현재 자신의 글씨를 파악하는 것도 중요합니다. 글씨 쓰기를 시작하기 전에 다음 페이지의 글들을 아래 칸에 적어 보세요. 그리고 이 책을 학습한 후에 다시 꼭 같은 내용의 글을 써보면서 변화된 자신의 글씨체를 직접 확인해 보세요. 단기간에 자신만의 필체를 완성하는 데 적합하도록 구성되어 있는 이 책을 활용하여 매일 꾸준하게 연습한다면 자신이 원하는 멋진 글씨체를 발견하게 될 것입니다. 독자 여러분들이 그런 기쁨을 누릴 수 있기를 기대합니다.

지피지기면 백전불태 – 나의 현재 글씨체

글자를 교정하고 싶다면 먼저 자신의 현재 글씨체를 확인하는 게 좋습니다. 아래 글을 지금 적고, 이 책을 학습한 후에 다시 적도록 편집했으니 변모한 자신의 글씨체를 직접 체험하기 바랍니다.

서시

윤동주

죽는 날까지 하늘을 우러러

한점 부끄럼이 없기를

잎새에 이는 바람에도

나는 괴로워했다.

별을 노래하는 마음으로

모든 죽어 가는 것을 사랑해야지

그리고 나한테 주어진 길을

걸어가야겠다.

오늘밤에도 별이 바람에 스치운다.

차 례

★ ★ ★

지피지기면 백전불태 - 나의 현재 글씨체 _ 6

1. 자음 쓰기 _ 8

2. 모음 쓰기 _ 18

3. 자음과 모음으로 글자 쓰기 _ 28

4. 글자 모양 바르게 쓰기 _ 30

5. 받침 없는 글자 쓰기 _ 34

6. 기준선에 맞게 글씨 쓰기 _ 36

7. 글씨 바르게 쓰기 _ 38

8. 받침 글자 쓰기 _ 40

9. 받침 있는 단어 쓰기 _ 42

10. 문장 부호 쓰기 _ 44

11. 문장에 알맞은 부호 쓰기 _ 45

12. 다양한 디자인체로 예쁜 글씨 쓰기 _ 48

13. 나만의 글씨체 완성하기 _ 81

14. 손편지 계절별 첫 문장 쓰기 _ 90

지피지기면 백전불태 - 변모한 나의 현재 글씨체 _ 96

1. 자음 쓰기

한글은 자음과 모음으로 이루어져 있습니다. 먼저 자음을 쓰는 순서에 따라 또박또박 정성들여 써보세요.
글씨를 예쁘게 쓰려면 순서에 맞게 써야 한다는 것 잊지 마세요.

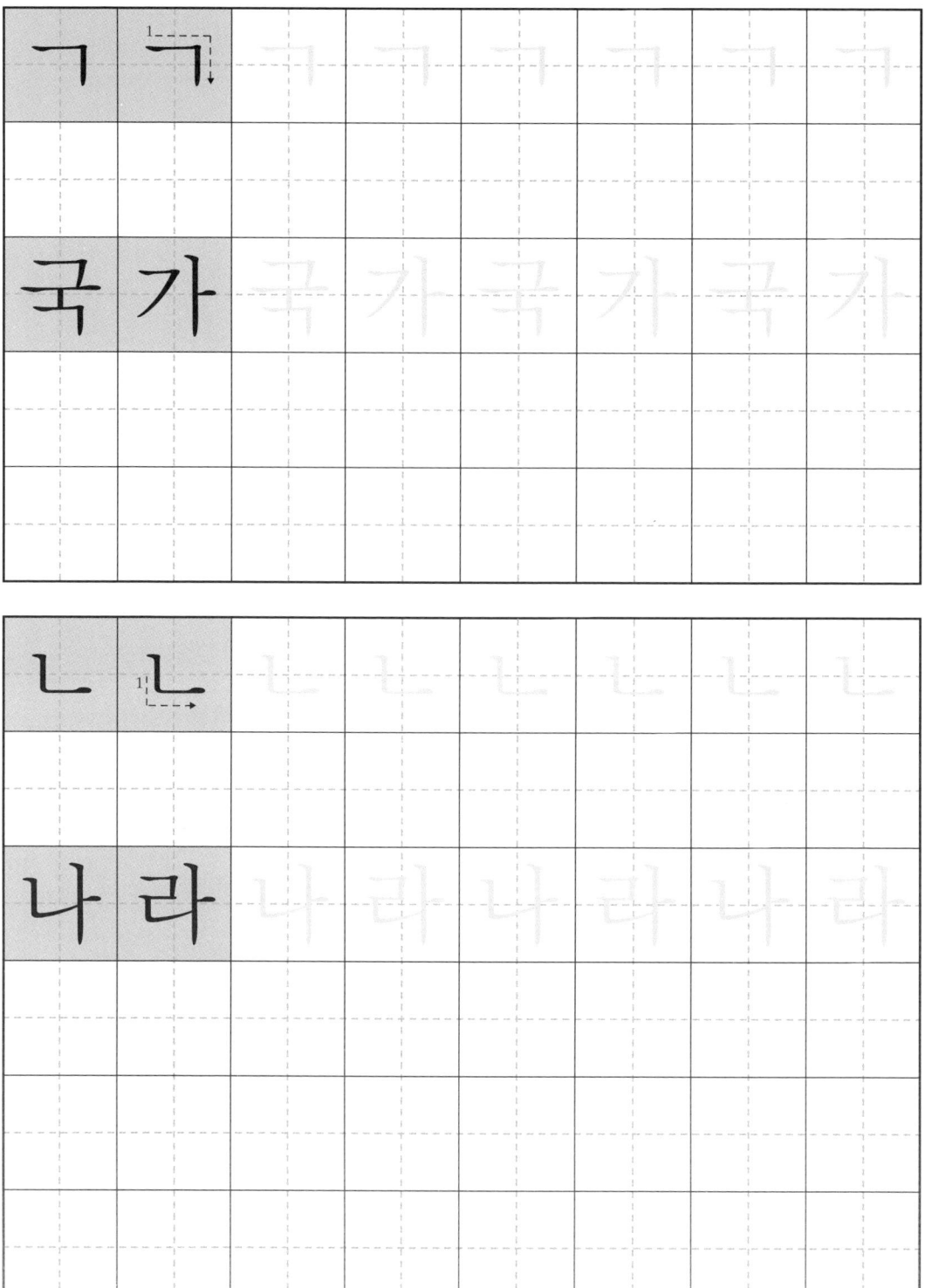

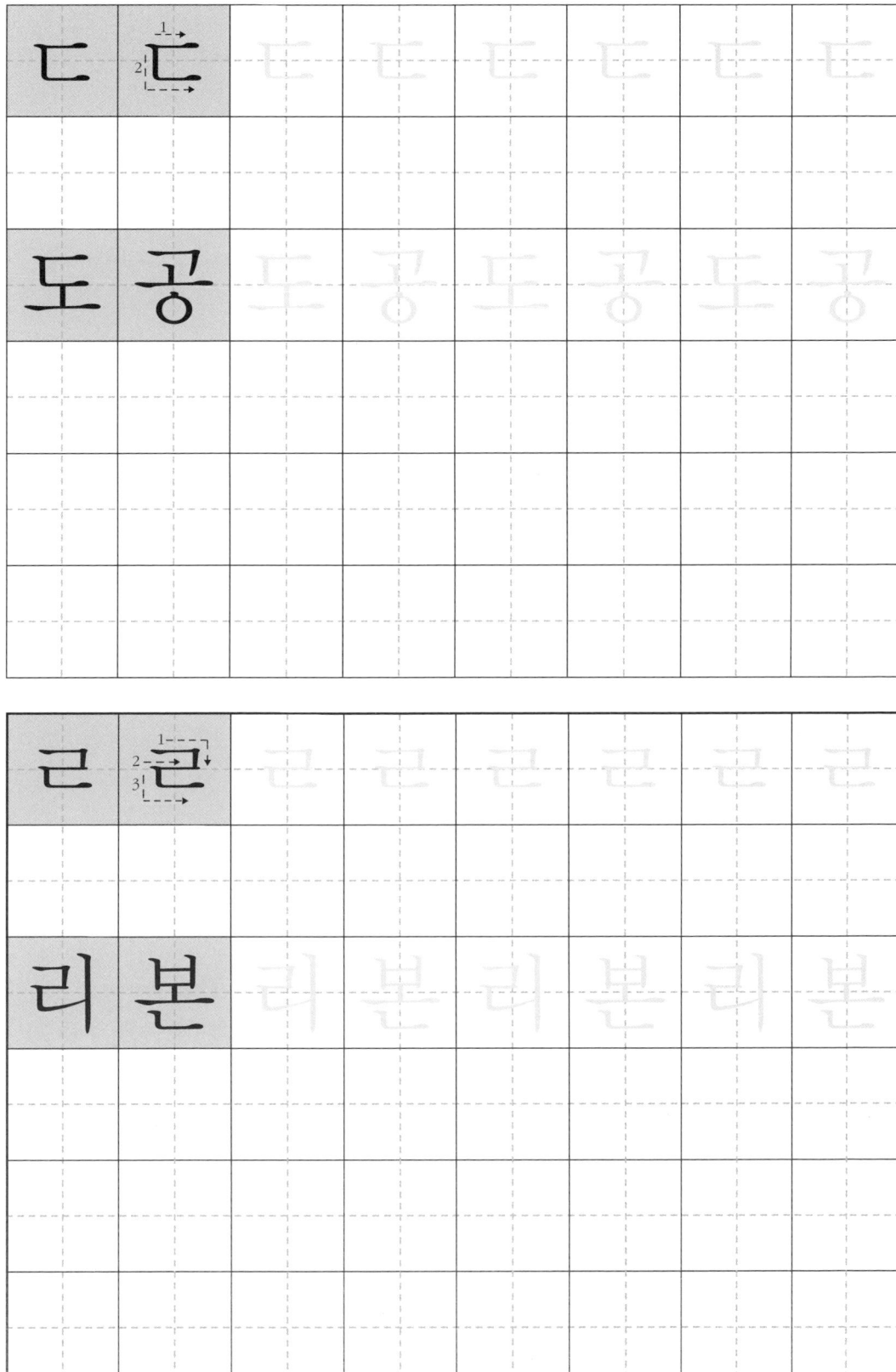

| ㅁ | ㅁ | ㅁ | ㅁ | ㅁ | ㅁ | ㅁ | ㅁ |

| 모 | 기 | 모 | 기 | 모 | 기 | 모 | 기 |

| ㅂ | ㅂ | ㅂ | ㅂ | ㅂ | ㅂ | ㅂ | ㅂ |

| 보 | 석 | 보 | 석 | 보 | 석 | 보 | 석 |

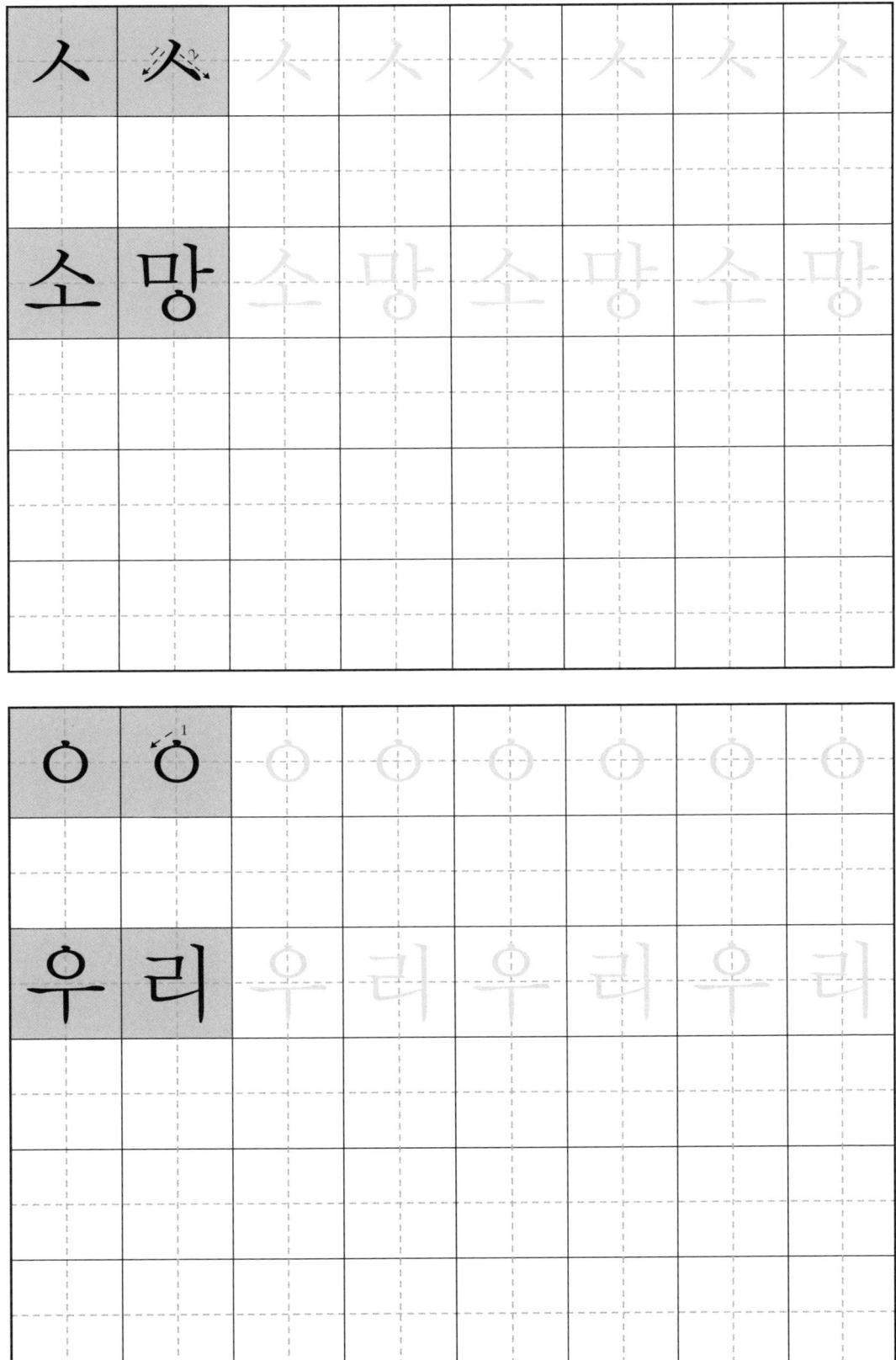

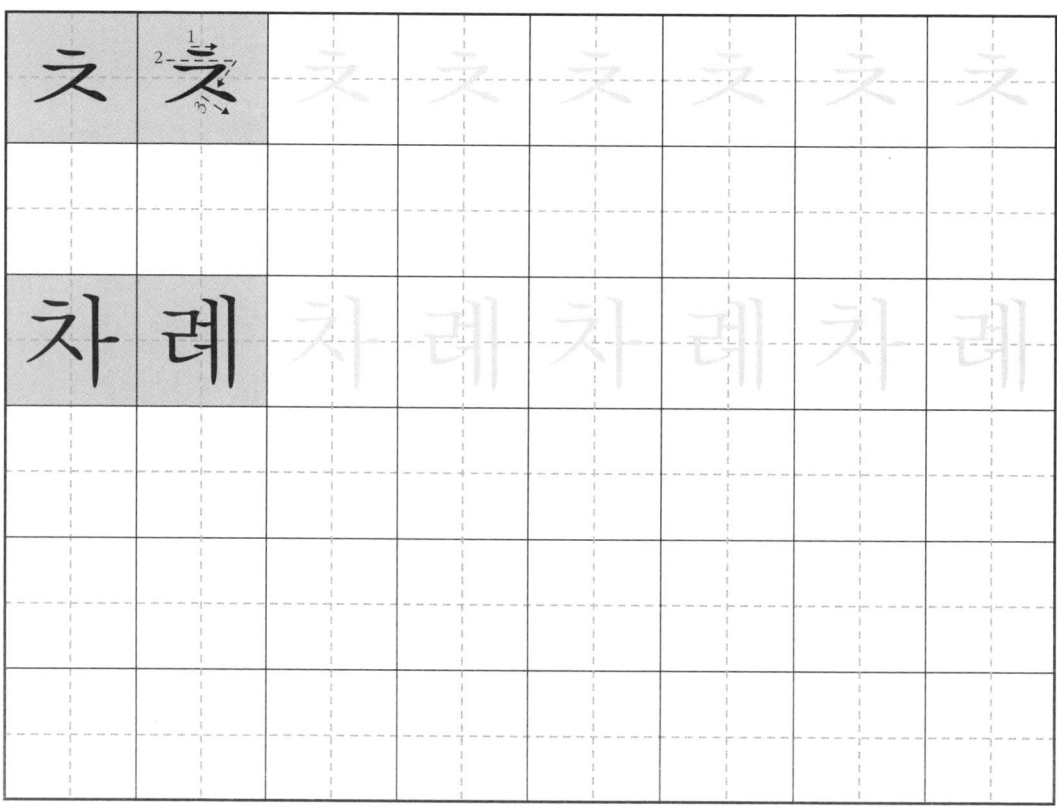

| ㅋ | ㅋ | ㅋ | ㅋ | ㅋ | ㅋ | ㅋ |

| 코 | 난 | 코 | 난 | 코 | 난 |

| ㅌ | ㅌ | ㅌ | ㅌ | ㅌ | ㅌ | ㅌ |

| 타 | 자 | 타 | 자 | 타 | 자 |

| 피 | 피 | 피 | 피 | 피 | 피 | 피 | 피 |

| 파 | 랑 | 파랑 | 파랑 | 파랑 |

| ㅎ | ㅎ | ㅎ | ㅎ | ㅎ | ㅎ | ㅎ | ㅎ |

| 화 | 랑 | 화랑 | 화랑 | 화랑 |

| ㄲ | ㄲ | ㄲ | ㄲ | ㄲ | ㄲ | ㄲ | ㄲ |

| 꼬 | 꼬 | 댁 | 꼬 | 꼬 | 댁 |

| ㄸ | ㄸ | ㄸ | ㄸ | ㄸ | ㄸ | ㄸ | ㄸ |

| 딸 | 국 | 질 | 딸 | 국 | 질 |

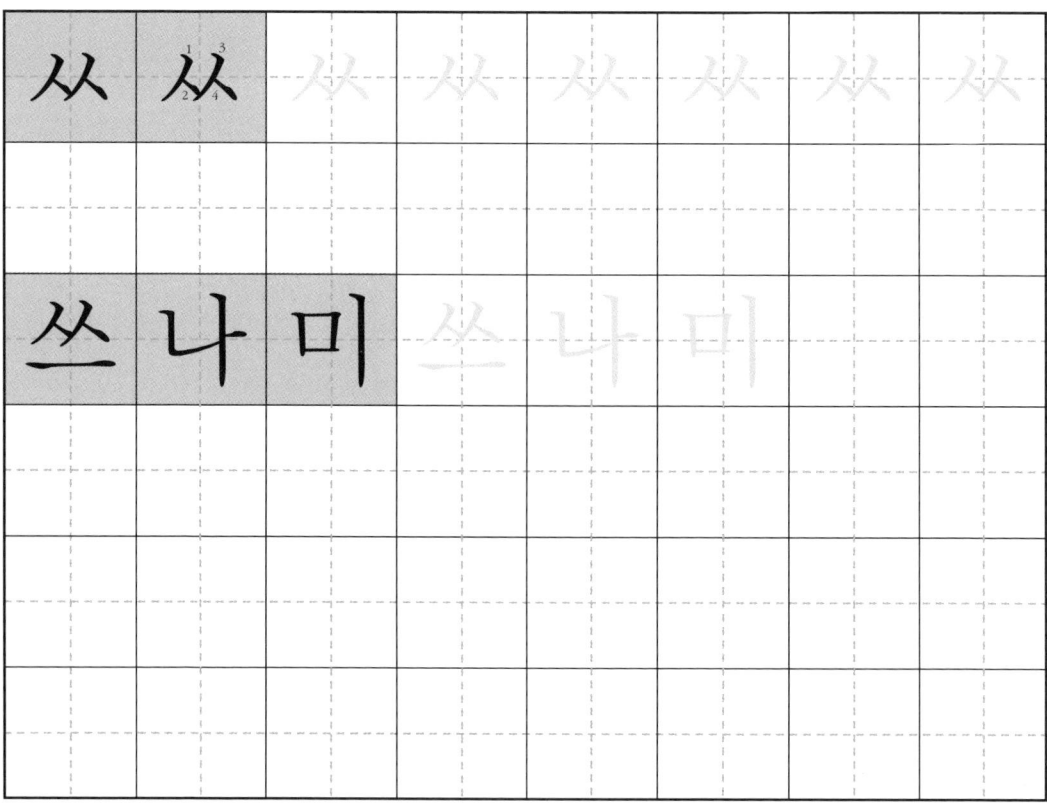

조선시대 4대 명필 이야기

조선시대에는 명필들이 많았다. 선비들은 글씨를 쓰면서 자기 수양을 했고 그렇기 때문에 잘 쓴 좋은 글씨는 선비의 명예였다. 글씨를 잘 쓴 명필들 가운데서도 자기만의 독창성, 후세에 끼친 글씨체의 영향들을 고려해서 조선 전후기 통합 4대 명필을 꼽는다면, 인수체라는 독특한 자기만의 필치를 남긴 자암 김구, 왕희지체와 조맹부체의 장점만 가득한 예술 글씨 석봉 한호, 양명학자이며 원교체라는 독특한 글씨체를 만든 원교 이광사, 금석학자이며 추사체를 만든 추사 김정희를 들 수 있다. 이외에도 안평대군, 윤순, 양사언, 선조, 영조, 정조가 뛰어난 필치로 알려져 있고, 흥선대원군도 추사 김정희에게서 글씨와 그림을 배워 수준급의 실력이었다고 전한다.

2. 모음 쓰기

한글은 자음과 모음으로 이루어져 있다는 것 알고 있죠? 모음을 쓰는 순서에 따라 또박또박 정성들여 써 보세요. 글씨를 예쁘게 쓰려면 순서에 맞게 써야 해요.

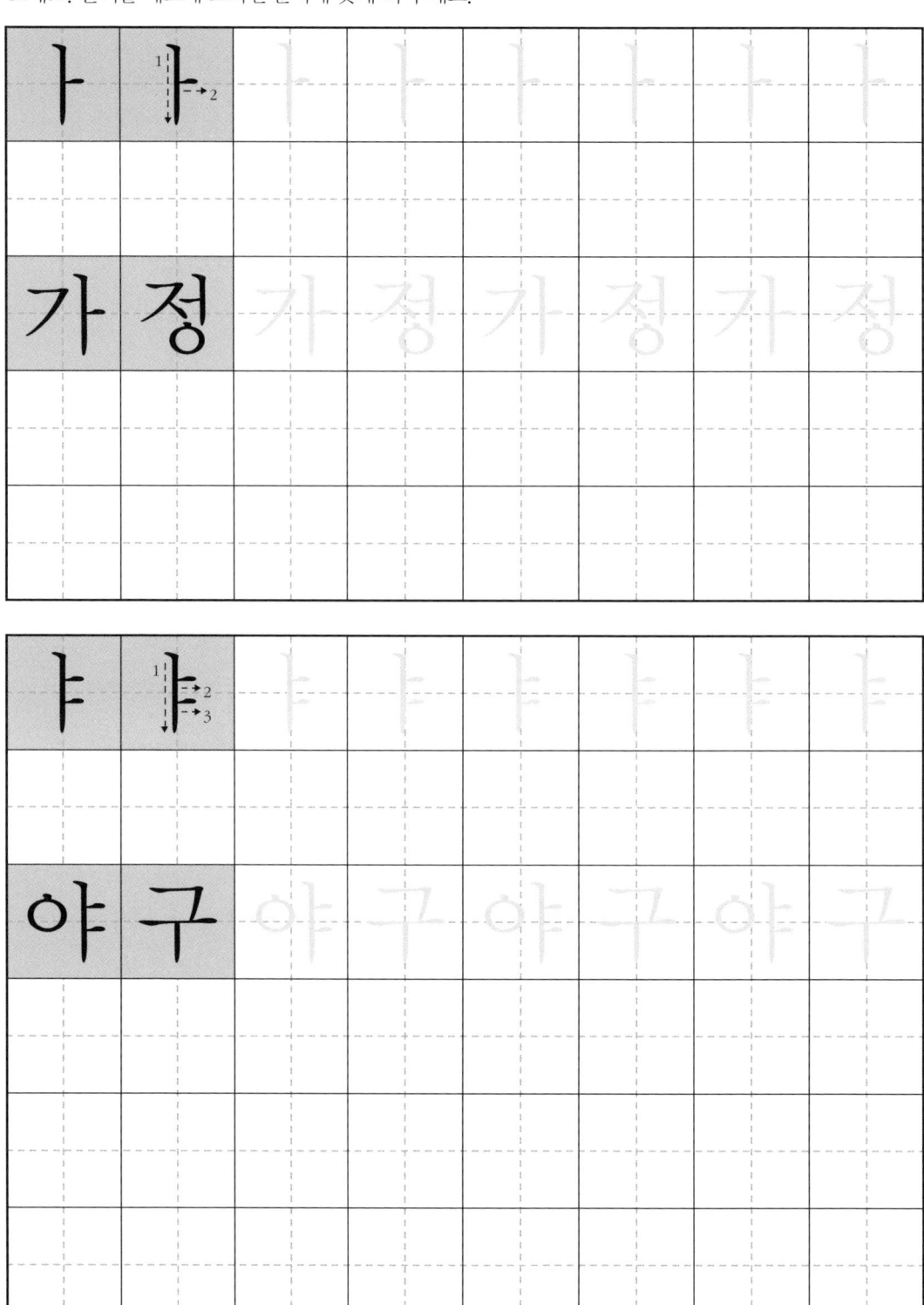

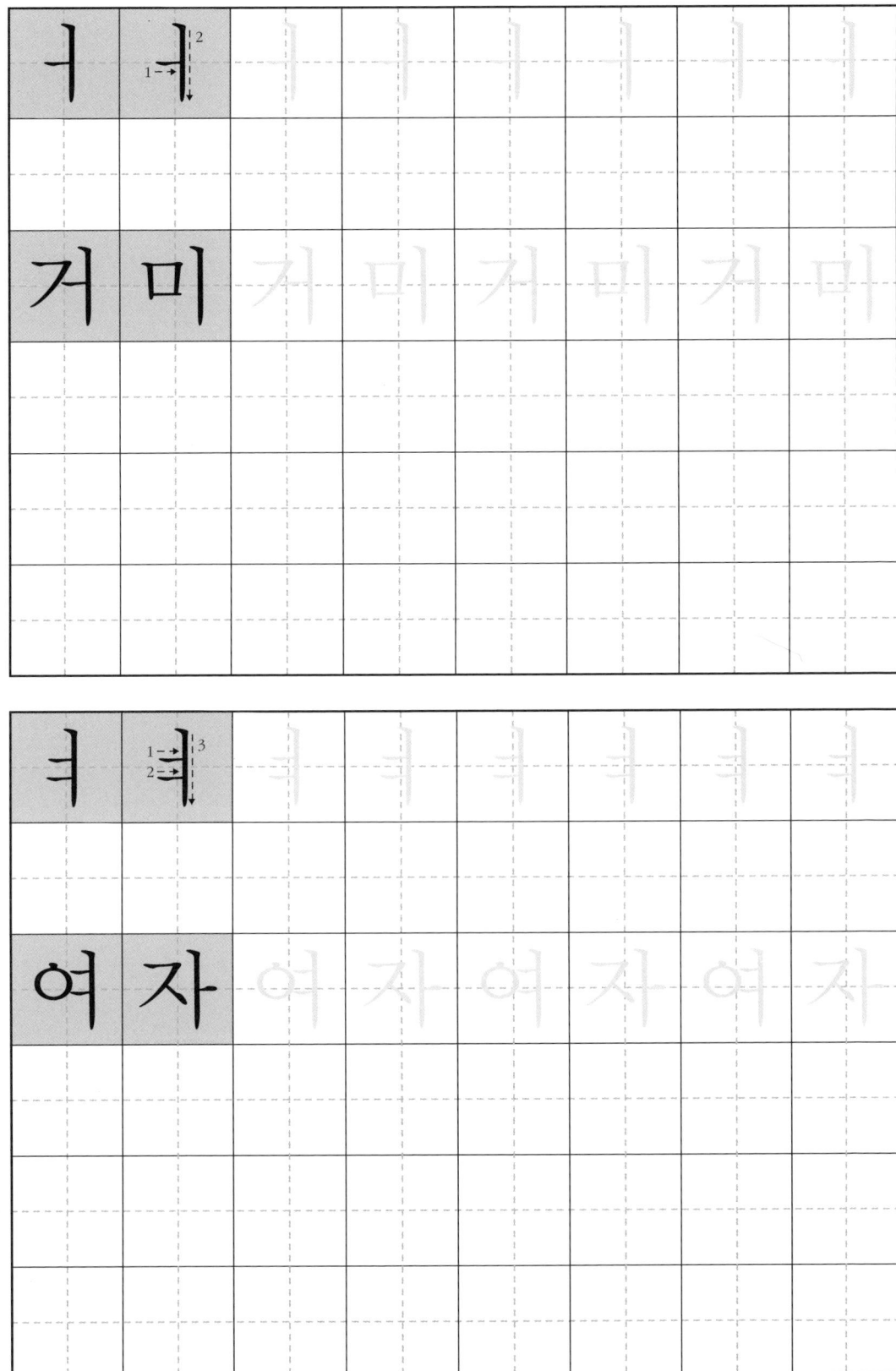

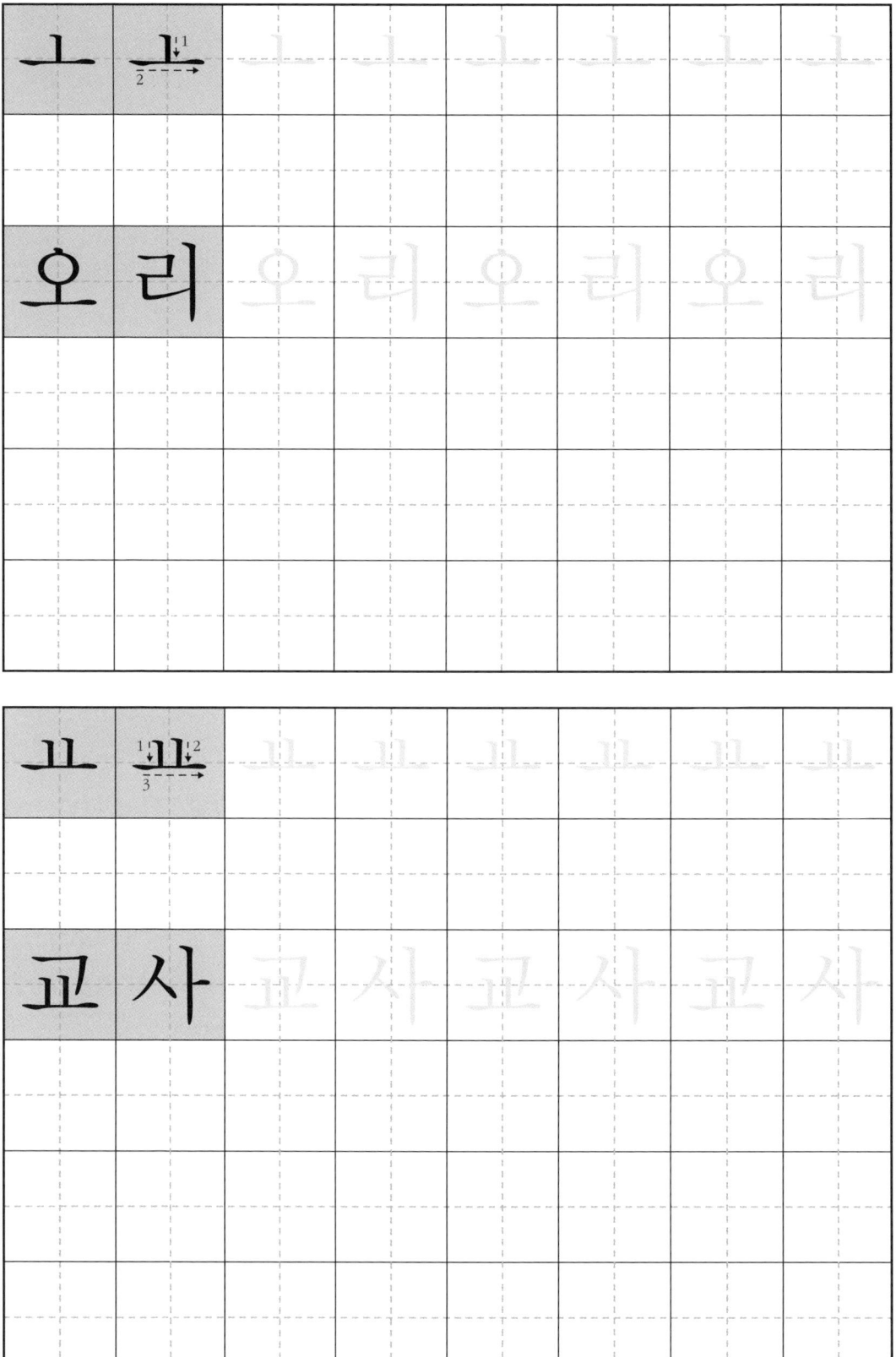

ㅜ	ㅜ	ㅜ	ㅜ	ㅜ	ㅜ	ㅜ
우 주	우 주	우 주	우 주			

ㅠ	ㅠ	ㅠ	ㅠ	ㅠ	ㅠ	ㅠ
휴 가	휴 가	휴 가	휴 가			

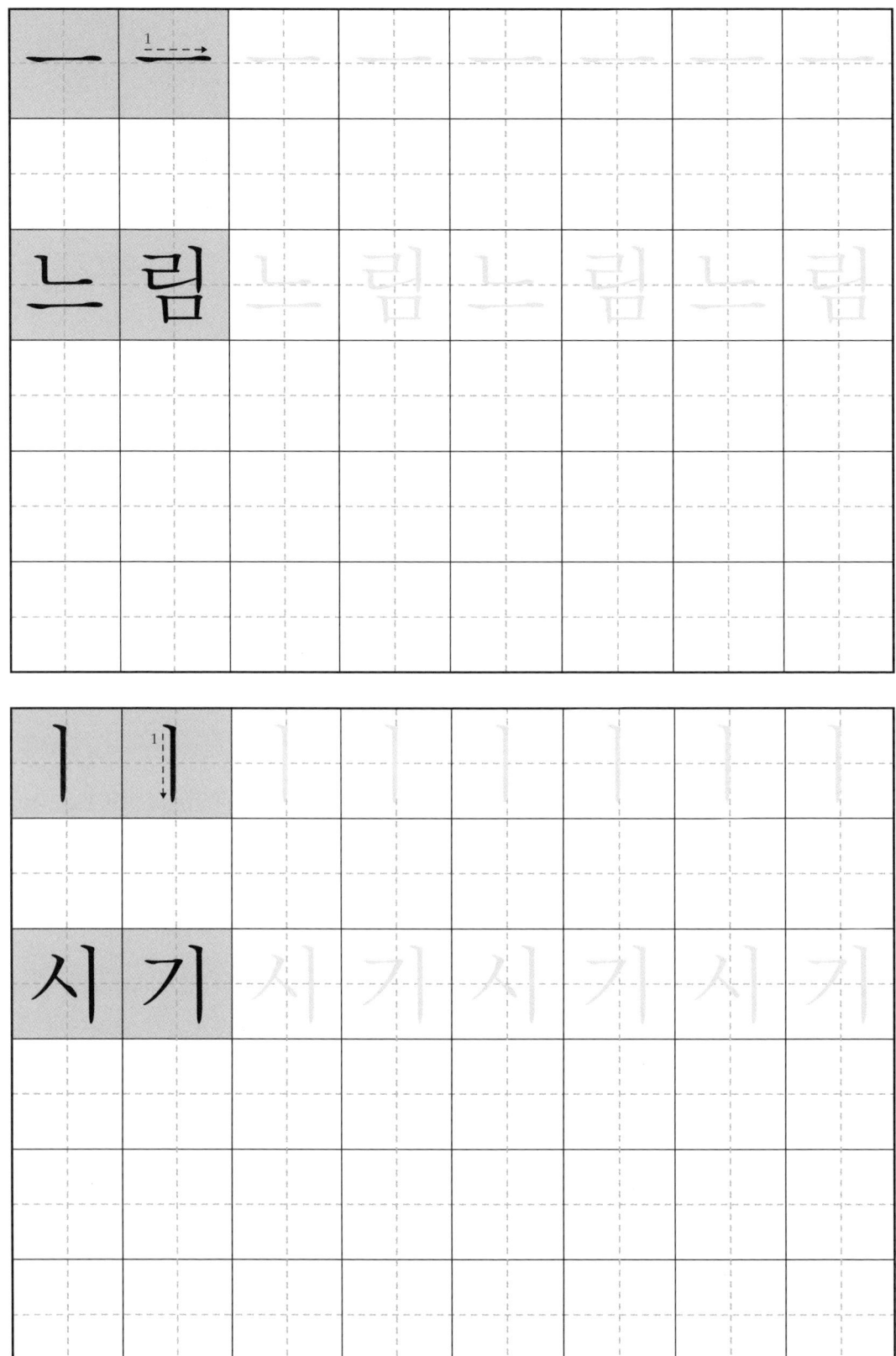

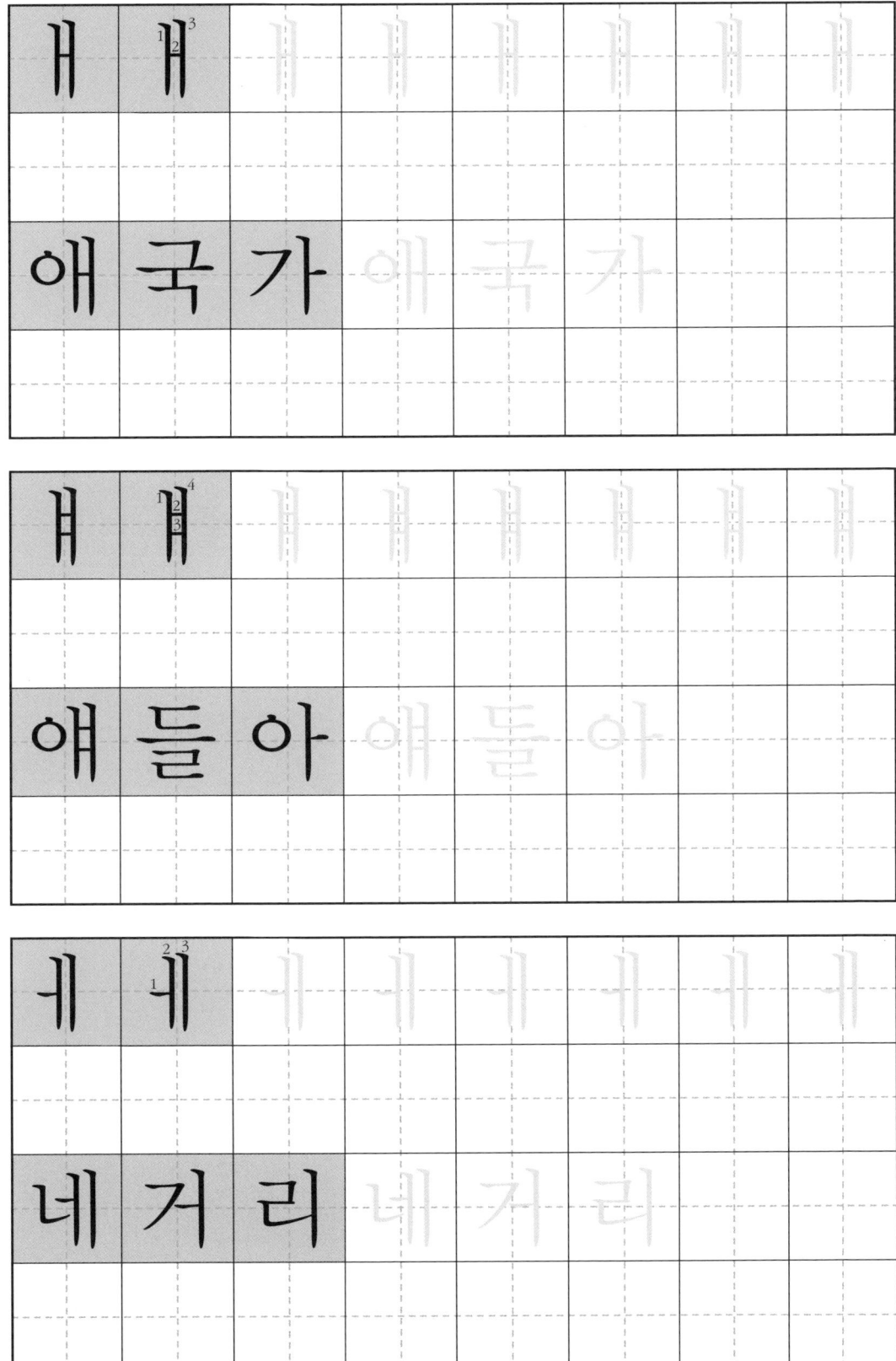

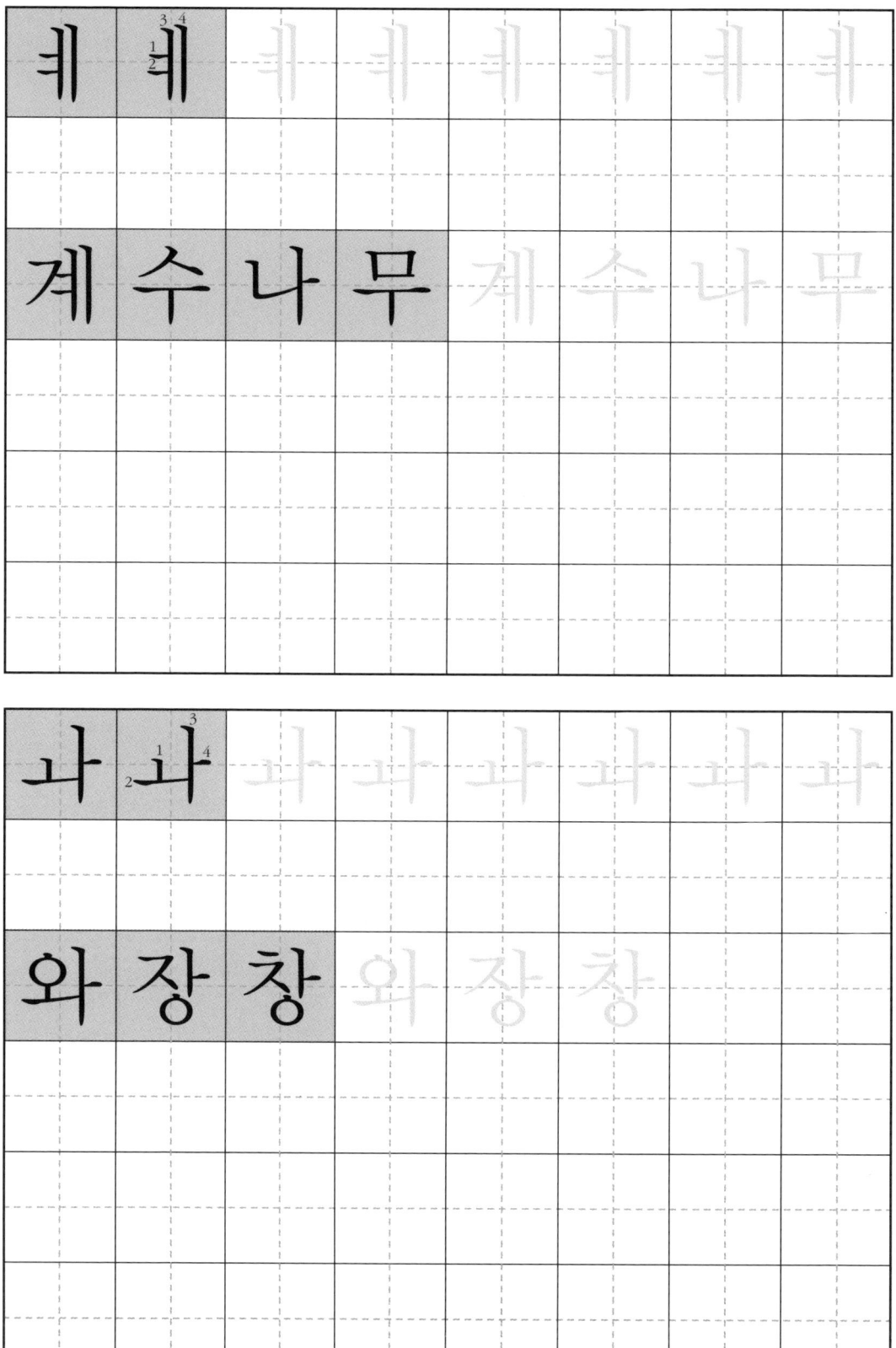

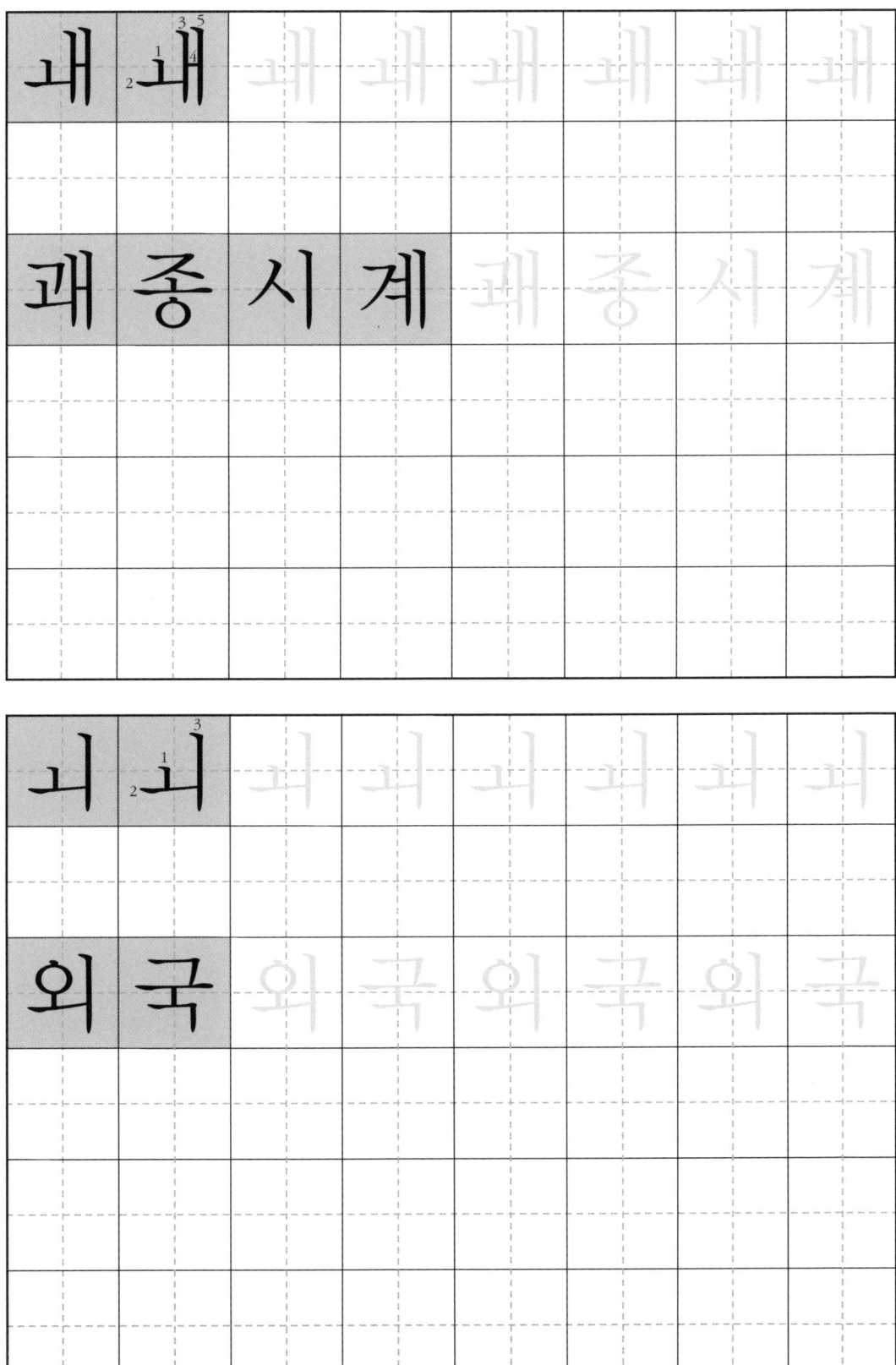

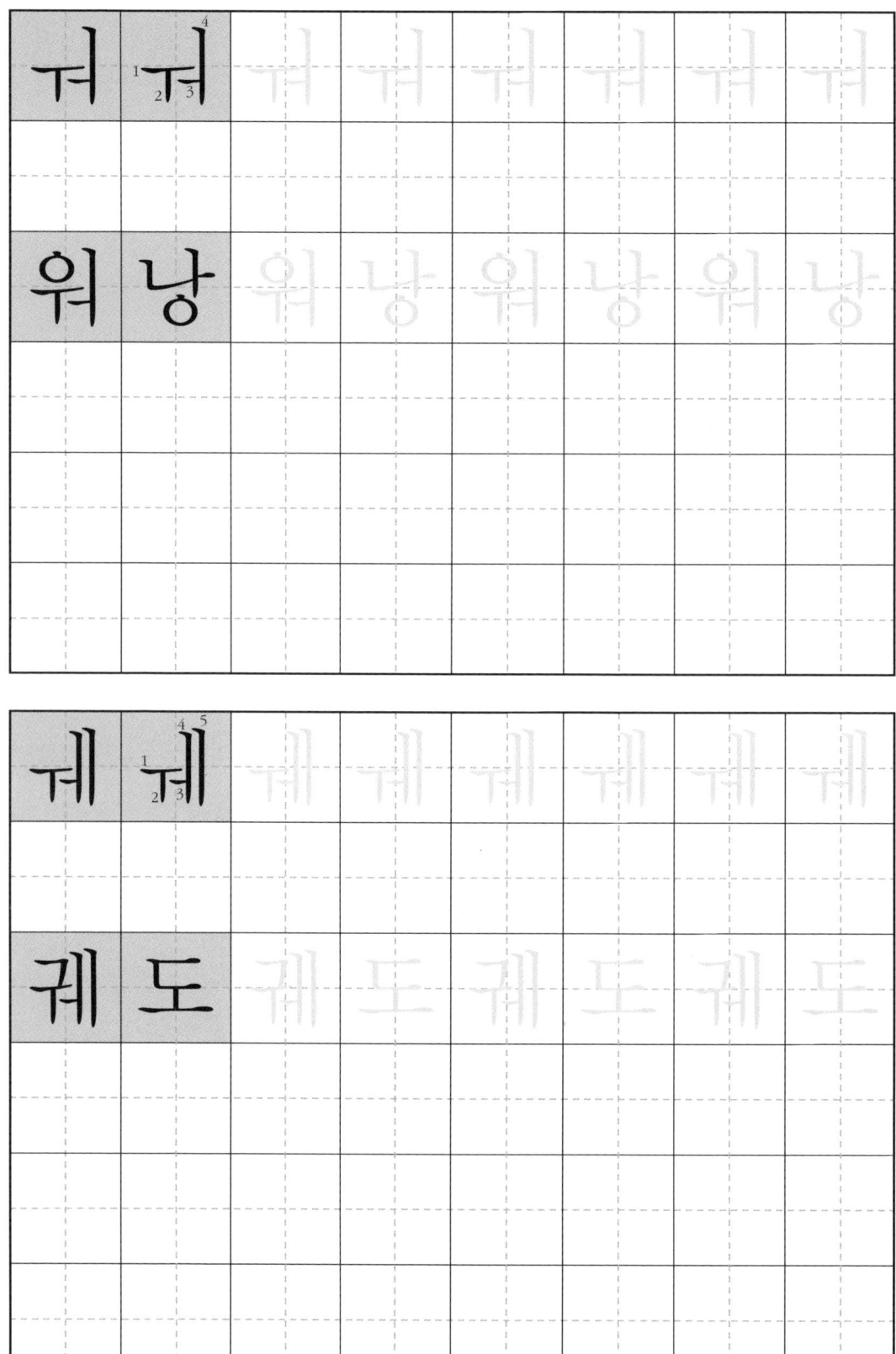

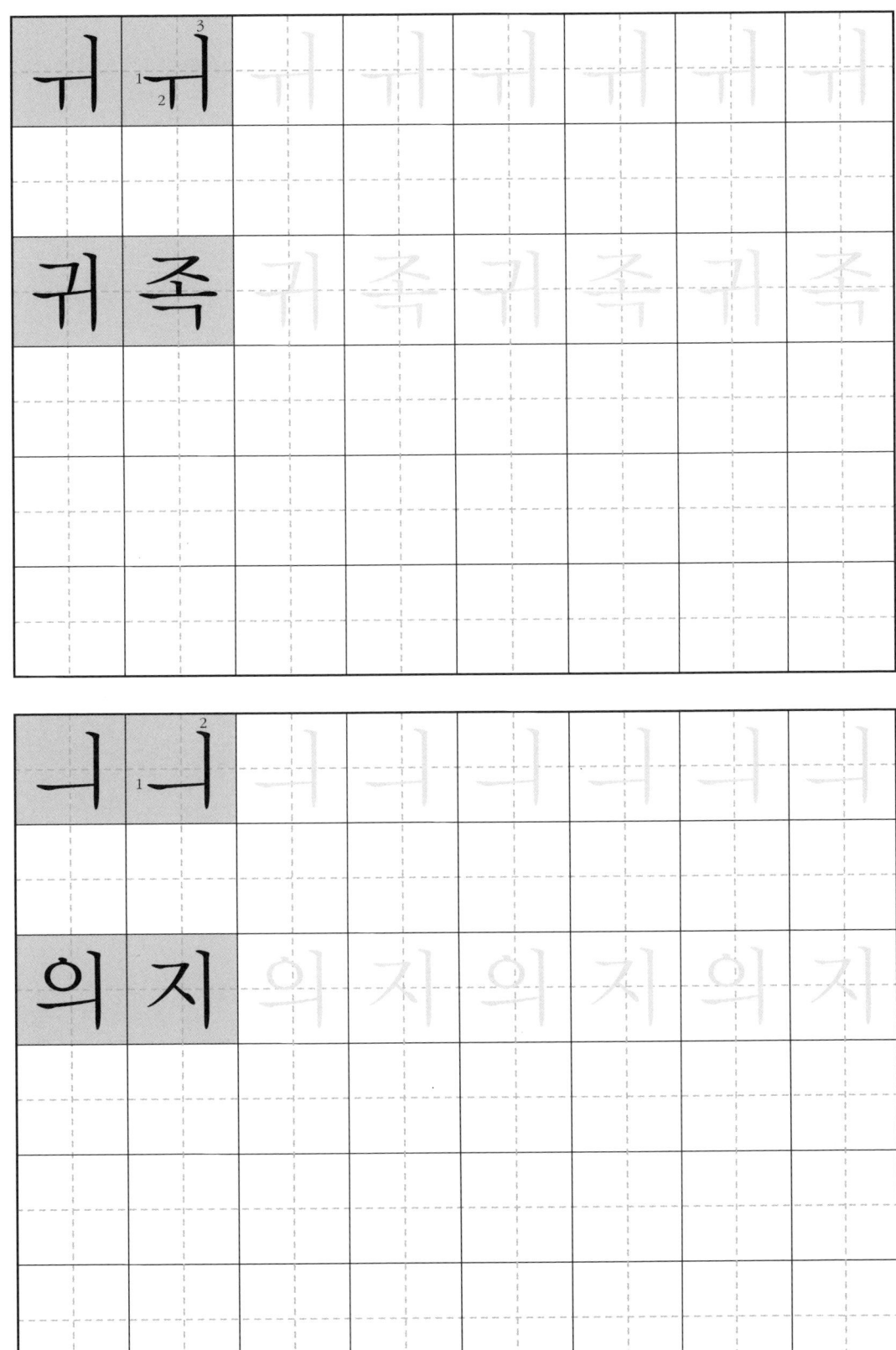

3. 자음과 모음으로 글자 쓰기

자음은 모음에 따라서 그 형태가 조금씩 변한답니다. 변하는 모양에 유의하면서 쓰기 연습을 한다면 다양한 모양의 글자를 예쁘게 쓸 수 있어요.

	ㅏ	ㅓ	ㅗ	ㅜ	ㅡ	ㅣ	ㅔ
ㄱ	가	거	고	구	그	기	게
ㄴ	나	너	노	누	느	니	네
ㄷ	다	더	도	두	드	디	데
ㄹ	라	러	로	루	르	리	레
ㅁ	마	머	모	무	므	미	메
ㅂ	바	버	보	부	브	비	베
ㅅ	사	서	소	수	스	시	세
ㅇ	아	어	오	우	으	이	에
ㅈ	자	저	조	주	즈	지	제
ㅊ	차	처	초	추	츠	치	체

	ㅏ	ㅓ	ㅗ	ㅜ	ㅡ	ㅣ	ㅔ
ㅋ	카	커	코	쿠	크	키	케
ㅌ	타	터	토	투	트	티	테
ㅍ	파	퍼	포	푸	프	피	페
ㅎ	하	허	호	후	흐	히	헤

★ 쉬어가기

위에서 쓴 글자를 짝지어 아래 글자를 만들어 보세요.

가	자	거	미	바	지	나	라
가	자	거	미	바	지	나	라
차	고	타	조	파	도	하	나
차	고	타	조	파	도	하	나

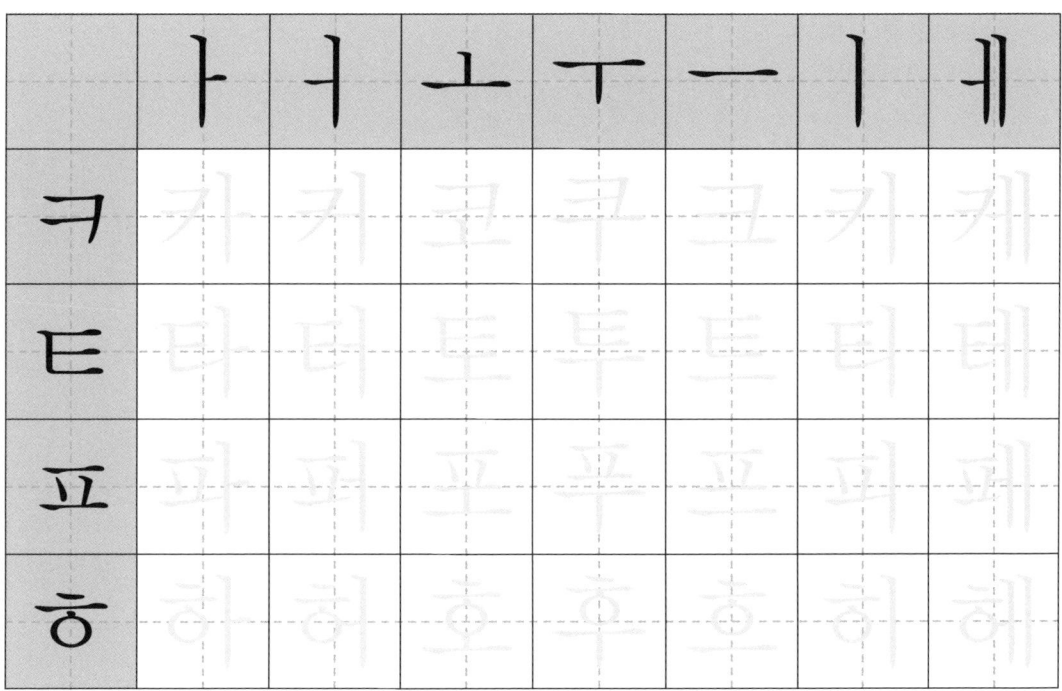

4. 글자 모양 바르게 쓰기

글자의 모양에 유의하면서 기준선과 글자의 모양선에 맞춰서 글씨를 써 보세요.

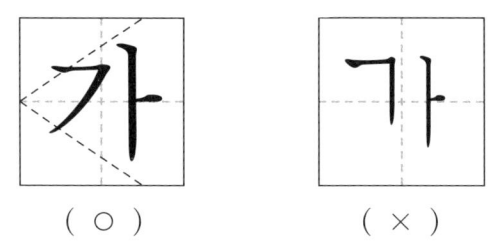

(○)　　　　　(×)

가 나 다 라 마 바 사 아

자 차 카 타 파 하

고	고
(○)	(×)

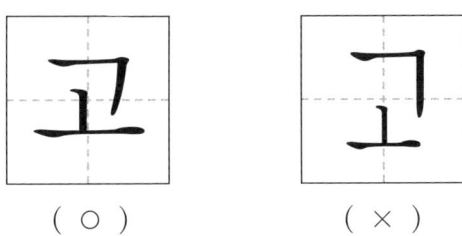

고	노	도	로	모	보	소	오
고	노	도	로	모	보	소	오
조	초	코	토	포	호		
조	초	코	토	포	호		

개	개
(○)	(×)

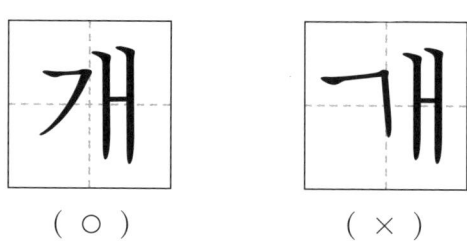

개	내	대	래	매	배	새	애
개	내	대	래	매	배	새	애
재	채	캐	태	패	해		
재	채	캐	태	패	해		

감	감
(○)	(×)

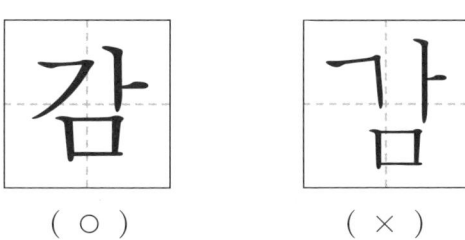

감	정	건	강	공	주	국	민
감	정	건	강	공	주	국	민
균	등	각	본	금	형	관	객
균	등	각	본	금	형	관	객

5. 받침 없는 글자 쓰기
받침에 따라서 자음과 모음이 변하니 먼저 받침이 없는 글자를 자신감 있게 연습하세요.

6. 기준선에 맞게 글씨 쓰기
명언을 기준선에 맞게 쓰면서 자음과 모음의 변화를 눈으로 보면서 익힙니다.

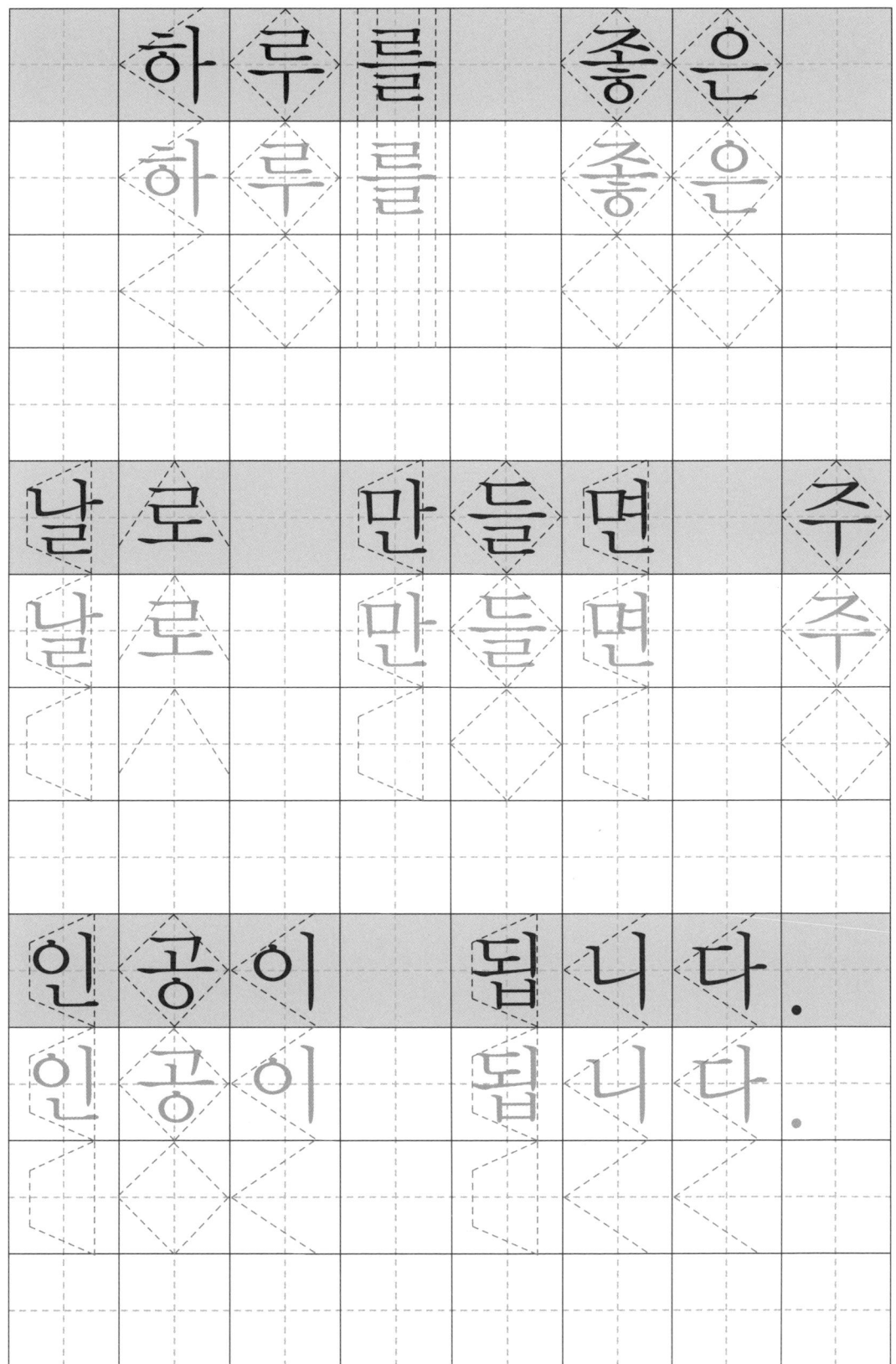

하루를 좋은
날로 만들면 주
인공이 됩니다.

7. 글씨 바르게 쓰기

명언을 받침이 있는 글자 모양에 유의하면서 기준선에 맞추어 써 보세요. 자음과 모음의 변화도 눈으로 익힙니다.

8. 받침 글자 쓰기

받침이 있는 글자는 자음과 모음의 형태가 조금씩 변한답니다. 글자를 쓰면서 변하는 모양을 관찰해 보세요.

	ㄱ	ㄴ	ㄹ	ㅁ	ㅂ	ㅇ
가	각	간	갈	감	갑	강
나	낙	난	날	남	납	낭
더	덕	던	덜	덤	덥	덩
러	럭	런	럴	럼	럽	렁
모	목	몬	몰	몸	몹	몽
보	복	본	볼	봄	봅	봉
수	숙	순	술	숨	숩	숭
우	욱	운	울	움	웁	웅
지	직	진	질	짐	집	징
치	칙	친	칠	침	칩	칭

	ㄱ	ㄴ	ㄹ	ㅁ	ㅂ	ㅇ
코	쿡	쿤	쿨	쿰	쿱	콩
토	툭	툰	툴	툼	툽	통
파	팍	판	팔	팜	팝	팡
하	학	한	할	함	합	항
까	깍	깐	깔	깜	깝	깡
따	딱	딴	딸	땀	땁	땅
뽀	뽁	뽄	뽈	뽐	뽑	뽕
쑤	쑥	쑨	쑬	쑴	쑵	쑹
짜	짝	짠	짤	짬	짭	짱
유	육	윤	율	윰	읍	융
여	역	연	열	염	엽	영

9. 받침 있는 단어 쓰기

받침이 있는 글자들로 구성된 단어를 기준선에 맞게 쓰면서 변화들을 익힙니다.

| 은 | 방 | 울 | 꽃 | 연 | 못 | 창 | 문 |

| 강 | 낭 | 콩 | 눈 | 망 | 울 | 동 | 생 |

밤	꽃	벌	통	숲	길	풀	밭
밤	꽃	벌	통	숲	길	풀	밭

웃	음	활	짝	흰	눈	들	판
웃	음	활	짝	흰	눈	들	판

10. 문장 부호 쓰기

글은 문장 부호로 마무리돼요. 글을 쓰려면 문장 부호도 같이 학습해야 완전한 문장을 표현할 수 있답니다. 특히 문장 부호의 위치나 글씨에 어울리는 크기 등에 유의하면서 연습하세요.

★★★

문장 부호는 문자 언어에서 말의 단위, 문의 종류, 문자로 나타낼 수 없는 의미 등을 나타내는 부호를 말한다.

문장이 끝날 때 쓰는 부호에는 온점(.), 물음표(?), 느낌표(!)가 있다.

온점(.)은 문장이 끝날 때 사용한다.

물음표(?)는 의문이나 물음을 나타낸다.

느낌표(!)는 감탄, 놀람, 부르짖음, 명령 등 강한 느낌을 나타낸다.

쉼표(,)는 문장 안에서 짧은 쉼, 의미 분화(意味分化), 내포되는 종류 등을 나타낼 때 쓴다.

큰따옴표(" ")는 대화, 인용, 특별 어구 따위를 나타낸다.

작은따옴표(' ')는 따온 말 가운데 다시 따온 말이 들어갈 때나 마음속으로 한 말을 적을 때에 쓴다.

＊ 글자가 원고지의 오른쪽 끝 칸을 차지하여 문장 부호를 찍을 칸이 없을 때는 끝 칸에 글자와 함께 넣거나 오른쪽 여백에 처리한다.

11. 문장에 알맞은 부호 쓰기

문장 속에 문장 부호를 넣어봅니다.

"아! '인생은 짧고, 예술은

길다.'고 했었던

가?"

"은서야, 언제

왔니?"

"오늘따라 달

이 밝구나!"

12 다양한 디자인체로 예쁜 글씨 쓰기

글씨 연습의 마지막 단계입니다. 명언명구로 이루어진 글을 윤명조, 피노키오, 윤고딕, 햇살, 갯마을, 바겐세일, 소녀, 코스모스, 운현궁체로 연습한 다음 작은 글씨로 자신만의 글씨체를 만들어요.

서체명 : 윤명조

남의 마음까지 헤아려

주는 사람은 이미 행복

하고, 상대가 자신을 이

해해 주지 않는 것만
생각하는 사람은 이미
불행하다.

서체명: 피노키오

미운 사람이 많을수록

행복은 반비례하고 좋아

하는 사람이 많을수록

행복은 정비례한다.

너는 너, 나는 나라고

하는 사람은 불행의 독

서체명 : 윤고딕

불장군이지만, 우리라고

생각하는 사람은 행복연

합군이다.

용서할 줄 아는 사람
은 행복하지만 미움을
버리지 못하는 사람은

서체명 : 해살

불행하다.

작은 것에 감사하는

사람은 행복한 사람이고 ∨

남과 비교하는 사람은
불행한 사람이다.
사랑은 언제나 오래

서체명 : 갯마을

참고, 사랑은 언제나 온
참고, 사랑은 언제나 온

유하며, 사랑은 시기하지 ∨
유하며, 사랑은 시기하지

않으며, 자랑도 교만도
않으며, 자랑도 교만도

아니하며, 무례히 행치
아니하며, 무례히 행치

않고, 자기의 유익을 구
않고, 자기의 유익을 구

치 않고, 사랑은 성내지 ∨
치 않고, 사랑은 성내지

서체명: 바겐세일

아	니	하	며	,	진	리	와		함	께
아	니	하	며	,	진	리	와		함	께

기	뻐	하	네	.	사	랑	은		모	든
기	뻐	하	네	.	사	랑	은		모	든

것		감	싸	주	고	,	바	라	고	믿
것		감	싸	주	고	,	바	라	고	믿

고 참아내며, 사랑은 영
원토록 변함없네.

민음과 소망과 사랑은 ∨

서체명 : 소녀

이		세	상		끝	까	지		영	원	하
이		세	상		끝	까	지		영	원	하
며	,	믿	음	과		소	망	과		사	랑
며	,	믿	음	과		소	망	과		사	랑
중	에		그	중	에		제	일	은		사
중	에		그	중	에		제	일	은		사

랑이라.

작은 집에 살아도 잠

잘 수 있어 좋다고 생

서체명: 코스모스

각하는 사람은 행복한
사람이고, 작아서 아무것
도 할 수 없다고 생각

하는 사람은 불행한 사
하는 사람은 불행한 사

람이다.
람이다.

　고난 속에서도 희망을 ∨
　고난 속에서도 희망을

서체명: 우현궁

가진 사람은 행복의 주
인공이 되고, 고난에 굴
복하고 희망을 품지 못

하는 사람은 비국의 주
하는 사람은 비국의 주

인공이 된다.
인공이 된다.

하루를 좋은 날로 만
하루를 좋은 날로 만

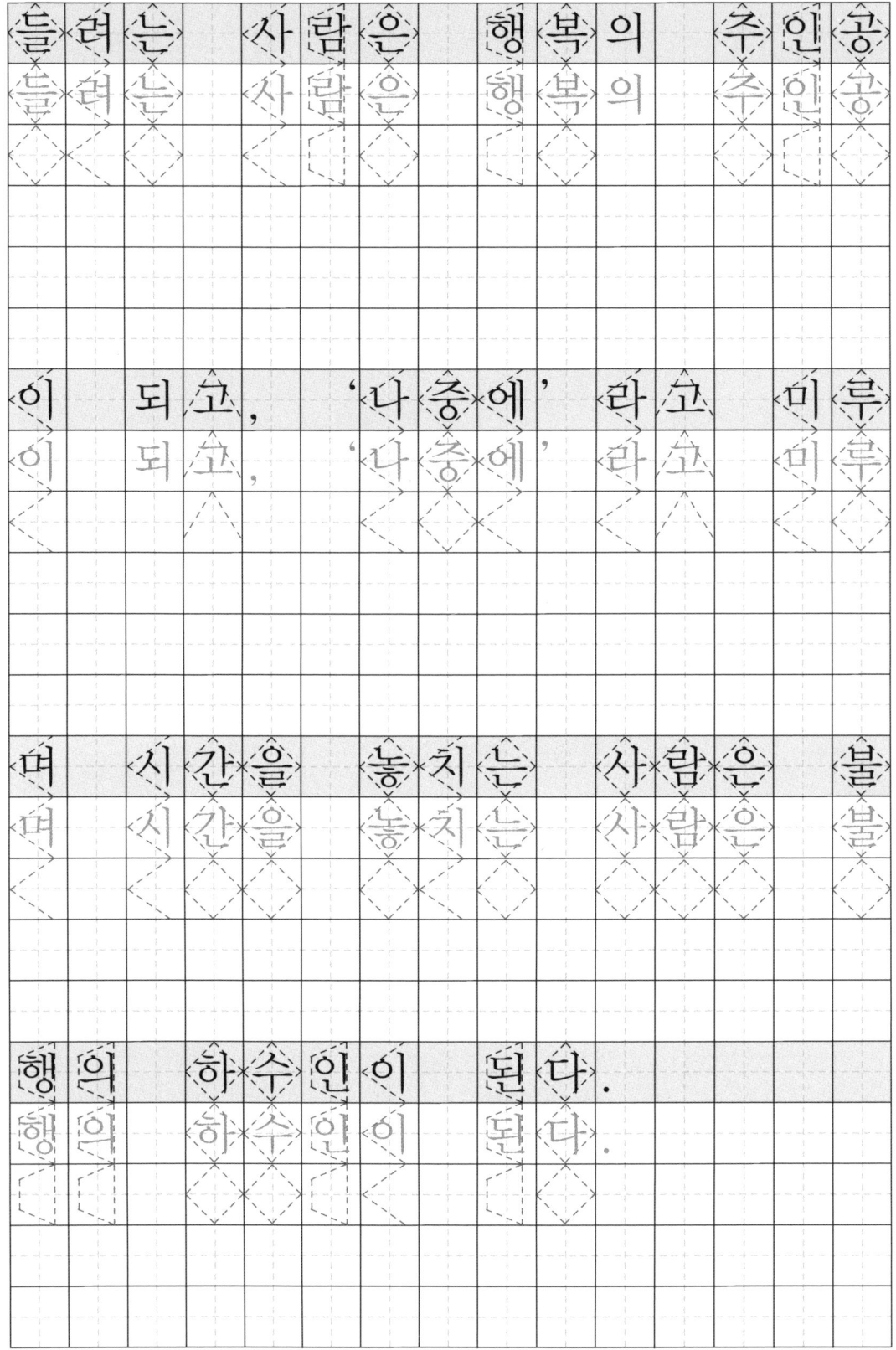

서체명: 윤명조

들려는 사람은 행복의 주인공이 되고, '나중에'라고 미루며 시간을 놓치는 사람은 불행의 하수인이 된다.

사랑에는 기쁨도 슬픔도 있다는 것을 아는 사람은 행복하고, 슬픔의 순간만을 기억하는 사람은 불행하다.

웃는 얼굴에는 축복이 따르고, 화내는 얼굴에는 불운이 괴물처럼 따른다.

미래를 위해 저축할 줄 아

는 사람은 행복의 주주가 되
고, 당장 쓰기에 바쁜 사람은
불행의 주주가 된다.
불행 다음에 행복이 온다는

것을 아는 사람은 행복표를 예약한 사람이고, 불행은 끝이 없다고 생각하는 사람은 불행의 번호표를 들고 있는 사람이다. 좋은 생각을 하자.

 시련을 견디는 사람은 행복 ∨

합격자가 되지만, 포기하는 사

람은 불행한 낙제생이 된다.

쉬운 일은 어려운 일처럼

어려운 일은 쉬운 일처럼 해

야 한다. 절제하고 성실하라.

자부심이 나태해지는 것을

막아준다. 자존감을 높이자.

일을 마무리하지 않고 팽개

쳐 두는 것을 막기 위해 때

로는 그 일을 끝마친 것처럼 ∨

바라볼 필요가 있다.

세상에는 노력하고 애쓰면

불가능한 일도 가능해지고 감

당하기 어려운 일은 두려움을

떨쳐버려야 한다.
떨쳐버려야 한다.

남이 말하는 중간에 말을
남이 말하는 중간에 말을

낚아채는 것은 좋은 행동이
낚아채는 것은 좋은 행동이

아니다. 존중하고 사랑하라.
아니다. 존중하고 사랑하라.

악수를 하면서 딴 곳을 보는 것은 좋은 습관이 아니다.

좋은 습관을 들이자.

항상 남들이 나보다 조금은

더 훌륭하다고 생각하면 실수
가 없다. 겸손으로 일관하라.
오늘 걷지 않으면 내일은
뛰어야 한다. 부지런하라.

어떤 이는 가난과 싸우며
어떤 이는 가난과 싸우며

어떤 이는 재물과 싸운다.
어떤 이는 재물과 싸운다.

사람들은 넘어지지 않고 달
사람들은 넘어지지 않고 달

리는 사람보다 넘어졌다 일어
리는 사람보다 넘어졌다 일어

나 다시 달리는 사람에게 더

많은 박수를 보낸다.

인생에 큰 슬픔이 닥칠 때

에는 용기를, 작은 슬픔에는

인내심을 가져라. 그리고 땀

흘려 일과를 마친 후 편안히 ∨

잠자리에 들어라. 신께서 지켜

주신다. 평안하고 행복하라.

13. 나만의 글씨체 완성하기
일상에서 다양하게 활용할 수 있는 문장을 따라 쓰면서 나만의 글씨체를 만듭니다.

많은 사람들을 상대할 때 '나는 그의 개성을 바꾸려 하지 않고

이용하려 한다.'고 생각하는 것이 가장 현명한 방법이다.

인간 본래의 개성, 다시 말해 도덕적인 성격, 능력, 기질, 용모 등은

아무도 바꿀 수가 없기 때문이다.

백색이 흑색을 변화시킬 수 없고,

인간의 선이 악을 보상하지도 용서하지도 못한다.

인간이 해야 할 일은 선택뿐이다.

– 브라우닝

분석력은 신중한 사람의 자제력과 맞먹는다.

낯선 사람을 분석하려면 고도의 머리가 필요하다.

다른 사람들의 심성과 성품을 아는 것은

인생에서 가장 중요한 일이다.

소리를 들어보면 그 쇠의 성분을 알 수 있듯이

말을 들어보면 그 사람됨을 알 수 있다.

- 에릭 호퍼

나는 우리나라가 세계에서 가장 아름다운 나라가 되기를 원하지

가장 강한 나라가 되기를 원하지는 않는다.

우리의 경제력은 우리의 생활을 풍족히 할 만하고,

우리의 국방력은 남의 침략을 막을 만하면 족하다.

오직 한없이 가지고 싶은 것은 높은 문화의 힘이다.

문화의 힘만이 우리 자신을 행복하게 만들고,

타인에게도 행복을 전해주기 때문이다.

— 김구

말은 사람의 올바른 정도를 나타내지만

그보다는 행동을 나타내는 표적이 된다.

재능을 갖춘 바보는 더러 있지만,

판단력을 갖춘 바보는 결단코 없다.

— 라 로슈코프

행복과 불행

행복의 원칙은 첫째 어떤 일을 할 것,

둘째 어떤 사람을 사랑할 것,

셋째 어떤 일에 희망을 가질 것이다.

― 칸트

기도는 하늘의 축복을 받고 노동은 땅에서 축복을 파낸다.

기도는 하늘에 차고, 노동은 땅에 차니,

이 둘이 당신의 집에 행복을 실어다 준다.

― 몽테뉴

행복을 즐겨야 할 시간은 지금이다.

행복을 즐겨야 할 장소는 여기다.

— 로버트 인젠솔

모두가 행복해질 때까지는 아무도 완전히 행복해질 수는 없다.

— H. 스펜서

사람에게는 세 가지 불행이 있다.

어린 시절에 높은 벼슬에 오름이 하나요,

부모의 세를 업고 고관이 됨이 둘이며,

뛰어난 재주가 있어 문장에 능함이 셋째 불행이다.

— 소학

언제까지고 계속되는 불행은 없다.

가만히 견디고 참든지 용기를 내쫓아 버리든지

이 둘 중의 한 가지 방법을 택해야 한다.

- 로망 롤랑

사랑과 우정

사랑은 진실을 고백했을 때 깨어지는 수가 있고,

우정은 허위로 깨어진다.

- 보나르

시간은 우정을 강하게 만들고 사랑은 약하게 만든다.

- 라 브로예르

어떤 목적을 위해서 시작된 우정은

그 목적을 달성할 때까지도 계속되지 않는다.

- 칼스

우정이란 성장이 더딘 식물이다.

그것이 우정이라고 불릴 만한 가치가 있게 되기까지

그것은 몇 번이고 어려운 충격을 받고

또 그것을 견디지 않으면 안 된다.

- 조지 워싱턴

우정은 기쁨을 두 배로 하고 슬픔을 반감시킨다.

- 프리드리히 폰 실러

친구끼리의 이별은 확실히 우울하고 슬픈 일,

그러나 연인끼리의 이별과 같은 고민은 느끼지 않는다.

- 불워 리턴

사랑이란 늙는다는 것을 모른다.

- 스탕달

연애는 결혼의 새벽, 결혼은 연애의 황혼이다.

- 드 피노

14. 손편지 계절별 첫 문장 쓰기

편리한 디지털시대를 만끽하면서도 아날로그가 그리워질 때가 있습니다. 간단한 메모에서 손편지에 이르기까지 첫 문장이 제일 까다롭지요. 계절별 인사말로 첫 문장을 열어보세요. 마음을 전하는 일이 한결 수월해집니다.

1월

새로운 한 해가 시작되었습니다.

올해는 어떤 일들을 계획하고 계신지요?

옷깃을 저절로 여미게 되는 추위의 절정입니다. 봄이 많이 기다려집니다.

온 세상이 하얀 눈으로 덮인 아름다운 1월입니다.

올해는 어떤 일들이 펼쳐질까요?

2월

꽁꽁 얼었던 냇가의 얼음이 사르르 녹는 계절입니다.

입춘대길이란 문구를 대문에 붙이는 여유를 부리고 싶은 날입니다.

출발의 의미를 담고 있는 졸업시즌입니다.

더 나은 세계로 첫발을 내딛는 모든 이에게

따뜻한 인사를 건네고 싶습니다.

3월

겨우내 움츠렸던 새싹들이 돋아나고,

개구리가 노래하는 봄이 돌아왔습니다.

겨울과 이별하는 순간이며, 만물이 생동하는 계절입니다.

설레는 마음을 안고 교정에 들어서는 봄입니다.

4월

싱그러운 계절, 연두색 나뭇잎이 돋아나

눈부신 햇살아래 반짝이는 4월입니다.

어떤 시인은 노래했죠, 4월은 잔인한 달이라고….

하지만 우리에겐 희망의 계절입니다.

봄비가 조용히 대지를 적시며 스며듭니다.

며칠 전에 심은 씨앗에는 생명수가 되겠지요.

5월

싱그러운 바람이 나뭇잎을 스치며 내는 소리가 무척 아름답습니다.

어느덧 여름을 알리는 입하입니다.

여름휴가는 어디로 떠날 예정인지요?

동심의 세계로 초대하는 계절,

부모의 은혜를 떠올리게 되는 계절 오월입니다.

 6월

1년 중 낮의 길이가 가장 길다는 하지입니다.

본격적인 여름이 시작되나 봅니다.

곡식의 씨앗을 뿌리기에 알맞은 망종입니다.

더불어서 모내기와 보리 베기에도 알맞은 때이기도 하지요.

녹음이 우거진 숲에서 지치고 힘든 일들을 내려놓습니다.

가까운 공원에서 산책을 하면서 이야기 나누는 건 어떤가요?

뜨거운 태양이 살짝 자리를 비키더니 시원한 소나기를 선물하네요.

습도가 높아지는 장마철이 다가옵니다.

소소한 곳일지라도 피해가 없었으면 합니다.

젊음과 청춘의 계절입니다.

청춘이란 나이보다는 가슴에 품은 열정을 뜻하니

늘 가슴이 뜨거운 사람이 되도록 노력합시다.

가을의 시작을 알리는 입추를 맞이하니

날씨가 아침저녁으로 제법 시원해졌습니다.

무더운 여름이 물러가고

청명한 가을하늘을 늘 볼 수 있는 계절이 돌아왔습니다.

초록잎이 무성한 나무들이

화려한 옷으로 갈아입을 시기가 다가왔습니다.

9월

들판의 농작물에 흰 이슬이 맺힌다는 백로입니다.

맑고 투명한 아침이슬이

벼이삭에 맺혀서 춤추고 있는 계절입니다.

반가운 가족이 모여서 서로에게 덕담을 건네는

풍성한 한가위 맞으시길 바랍니다.

10월

길가의 코스모스가 하늘거리며

인사하는 정겨운 계절입니다.

찬이슬과 서리로 나뭇잎들이

더욱 화려함을 뽐내는 가을입니다.

가로수가 가을을 알릴 때면

어디론가 훌쩍 떠나고 싶다는 마음이 생겨납니다.

11월

올해의 마지막 계절, 겨울의 문턱을 넘습니다.

첫눈이 내립니다.

첫사랑이 이루어진다는 봉숭아물은 아직도 손톱에 남아 있나요?

첫눈이 내린다는 소식이 있습니다.

마음은 벌써 약속장소로 향하고 있는 건 아닌지요?

12월

새해가 시작됐다고 희망을 가슴에 품었던 때가

얼마 지나지 않은 것 같은데 벌써 연말이 되었습니다.

옛사람의 지혜, 잡귀를 몰아낸다는 팥죽 한 그릇으로

모든 액을 물리쳐보는 건 어떤가요?

우리가 처음 만났던 한 해가 저물어갑니다.

더 나은 파트너로 성장하는 내년이 되길 소망해 봅니다.

지피지기면 백전불태 – 변모한 나의 현재 글씨체

글씨를 연습한 후 나의 변모한 글씨체로 아래 글들을 적어봅니다. 이 책을 시작했을 때의 글씨체와 어떻게 다른지 비교해 보세요.

서시

윤동주

죽는 날까지 하늘을 우러러

한점 부끄럼이 없기를

잎새에 이는 바람에도

나는 괴로워했다.

별을 노래하는 마음으로

모든 죽어 가는 것을 사랑해야지

그리고 나한테 주어진 길을

걸어가야겠다.

오늘밤에도 별이 바람에 스치운다.